한전KDN

직업기초능력평가

모의고사

	영 역	수리능력, 의사소통능력, 문제해결능력, 대인관계능력, 정보능력, 조직이해능력, 직업윤리
제 3 회	문항수	50문항
	시 간	60분
	비 고	객관식 4지선다형

SEOWONGAK
(주)서원각

제3회 직업기초능력평가 모의고사

┃1~2┃ 다음은 A, B 두 경쟁회사의 판매제품별 시장 내에서의 기대 수익을 표로 나타낸 자료이다. 이를 보고 이어지는 물음에 답하시오.

〈판매 제품별 수익체계〉

		B회사		
		X제품	Y제품	Z제품
A회사	P 제품	(4, −3)	(5, −1)	(−2, 5)
	Q 제품	(−1, −2)	(3, 4)	(−1, 7)
	R 제품	(−3, 5)	(11, −3)	(8, −2)

- 괄호 안의 숫자는 A회사와 B회사의 제품으로 얻는 수익(억원)을 뜻한다.(A회사 월 수익 액, B회사의 월 수익 액)
- ex) A회사가 P제품을 판매하고 B회사가 X제품을 판매하였을 때 A회사의 월 수익 액은 4억 원이고, B회사의 월 수익 액은 −3억 원이다.

〈B회사의 분기별 수익체계 증감 분포〉

	1분기	2분기	3분기	4분기
X제품	0%	30%	20%	−50%
Y제품	50%	0%	−30%	0%
Z제품	−50%	−20%	50%	20%

- 제품별로 분기에 따른 수익의 증감률을 의미한다.
- 50% : 월 수익에서 50% 증가, 월 손해에서 50% 감소
- −50% : 월 수익에서 50% 감소, 월 손해에서 50% 증가

1. 다음 자료를 참고할 때, A회사와 B회사의 수익의 합이 가장 클 경우는 양사가 각각 어느 제품을 판매하였을 때인가? (단, 판매 시기는 고려하지 않음)

① A회사 : Q제품, B회사 : X제품

② A회사 : Q제품, B회사 : Y제품

③ A회사 : P제품, B회사 : Z제품

④ A회사 : R제품, B회사 : Y제품

2. 다음 중 3분기의 양사의 수익 변동에 대한 설명으로 올바른 것은 어느 것인가? (A회사의 3분기 수익은 월 평균 수익과 동일하다.)

① 두 회사의 수익의 합이 가장 커지는 제품의 조합은 변하지 않는다.

② X제품은 P제품과 판매하였을 때의 수익이 가장 많다.

③ 두 회사의 수익의 합이 가장 적은 제품의 조합은 Q제품과 X제품이다.

④ 3분기의 수익액 합이 가장 큰 B회사의 제품은 Y제품이다.

3. 다음 자료에서 Y자전거업체가 창출한 부가가치의 총액으로 올바른 것은 어느 것인가?

A금속은 자전거 몸체를 생산하여 Y자전거업체에 2만 원에 납품하였고, B고무는 바퀴 2개를 생산하여 Y자전거업체에 개당 1만 원에 납품하였다. Y자전거업체는 이 부품들로 자전거를 생산한 후, 시장에서 10만 원에 판매하였다. Y자전거업체는 이와 같은 생산 활동을 위해 근로자에게 3만 원의 임금을 지불하였고, 1만 원의 세금을 납부하였으며, 주주들에게 1만 원의 배당을 지급하였다.

① 1만 원

② 3만 원

③ 5만 원

④ 6만 원

4. 다음 표에서 최소비용법(Least cost Method 혹은 Minimum cell cost Method)에 의한 최초 가능해의 총 운송비용은 얼마인가? (단, 톤당 비용은 수요지와 공급지 간 단위수송비용이다)

구분	수요지1	수요지2	공급량
공급지1	10원/톤	5원/톤	700톤
공급지2	8원/톤	15원/톤	500톤
공급지3	6원/톤	10원/톤	300톤
수요량	700톤	800톤	1,500톤

최소비용법(Least cost method) 또는 최소비용란법(Minimum cell cost method)은 최소비용을 가진 란을 선정하여 그 란에 가능한 많은 양을 배정하는 방법으로 수요와 공급이 충족될 때까지 이 과정을 반복한다.

① 5,000원
② 10,000원
③ 15,500원
④ 22,000원

5. 일반적인 물류비는 원산지로부터 소비자까지의 조달, 사내 및 판매, 재고의 전 과정을 계획, 실행, 통제하는 데 소요되는 비용을 의미한다. 이러한 개념을 기반으로 하여 아래의 도표를 준비하였다. 아래의 자료는 2018년도 K기업이 지출한 물류비의 내역이다. 이 중에서 제시된 조건을 활용하여 자가물류비와 위탁물류비는 구하면?

(조건 1) : 자가물류비 = 노무비 + 이자 + 전기료 + 가스수도료 + 재료비 + 세금

(조건 2) : 위탁물류비 = 지불포장비 + 지급운임 + 상/하차용역비 + 수수료

- 노무비 13,000만 원
- 전기료 300만 원
- 지급운임 400만 원
- 이자 250만 원
- 재료비 3,700만 원
- 지불포장비 80만 원
- 수수료 90만 원
- 가스수도료 300만 원
- 세금 90만 원
- 상/하차 용역비 550만 원

① 자가물류비 : 17,000만 원, 위탁물류비 : 1,760만 원
② 자가물류비 : 17,300만 원, 위탁물류비 : 1,460만 원
③ 자가물류비 : 17,640만 원, 위탁물류비 : 1,120만 원
④ 자가물류비 : 17,730만 원, 위탁물류비 : 1,030만 원

6. 아래의 표는 어느 TV 제조업체의 최근 5개월 동안 컬러 TV 판매량을 나타낸 것이다. 6월의 컬러 TV 판매량을 단순이동평균법, 가중이동평균법, 단순지수평활법을 이용하여 예측한 값을 각각 ㉠, ㉡, ㉢이라고 할 때, 그 크기를 비교한 것으로 옳은 것을 고르면?

◈ 1~5월 컬러 TV 판매량

(단위 : 천대)

	1월	2월	3월	4월	5월	6월
판매량	10	14	9	13	15	
가중치	0.0	0.1	0.2	0.3	0.4	

◈ 6월 컬러 TV 판매량 예측
- 6월의 컬러 TV 판매량은 단순이동평균법, 가중이동평균법, 단순지수평활법을 이용하여 예측할 수 있다.
- 이동평균법에서 주기는 4개월로 한다.
- 단순지수평활법을 이용하기 위해서는 전월의 예측치, 전월의 실제치, 지수평활계수가 필요하며 이를 식으로 나타내면 당월 예측치 = 전월 예측치 + 지수평활계수(전월 실제치 − 전월 예측치)이다.
  - 지수평활계수는 0.4를 적용한다.
  - 전월의 예측치가 없을 경우 단순이동평균법에 따른 예측치를 사용한다.

① ㉠ > ㉡ > ㉢
② ㉡ > ㉠ > ㉢
③ ㉠ > ㉢ > ㉡
④ ㉡ > ㉢ > ㉠

7. 甲공단에 근무하는 乙은 빈곤과 저출산 문제를 해결하기 위한 대안을 분석 중이다. 상황이 다음과 같을 때, 대안별 월 소요 예산 규모를 비교한 것으로 옳은 것은?

◈ 현재 상황
- 전체 1,500가구는 자녀 수에 따라 네 가지 유형으로 구분할 수 있는데, 그 구성은 무자녀 가구 300가구, 한 자녀 가구 600가구, 두 자녀 가구 500가구, 세 자녀 이상 가구 100가구이다.
- 전체 가구의 월 평균 소득은 200만 원이다.
- 각 가구 유형의 30%는 맞벌이 가구이다.
- 각 가구 유형의 20%는 빈곤 가구이다.

◈ 대안
A안 : 모든 빈곤 가구에게 전체 가구 월 평균 소득의 25%에 해당하는 금액을 가구당 매월 지급한다.
B안 : 한 자녀 가구에는 10만 원, 두 자녀 가구에는 20만 원, 세 자녀 이상 가구에는 30만 원을 가구당 매월 지급한다.
C안 : 자녀가 있는 모든 맞벌이 가구에 자녀 1명당 30만 원을 매월 지급한다. 다만 세 자녀 이상의 맞벌이 가구에는 일률적으로 가구당 100만 원을 매월 지급한다.

① A < B < C
② A < C < B
③ B < A < C
④ B < C < A

8. 다음은 어느 회사 전체 사원의 SNS 이용 실태를 조사한 자료이다. 이에 대한 설명 중 옳은 것은?

사용기기	성명	SNS 종류	SNS 활용 형태	SNS 가입날짜	기기 구입비	앱 구입비
스마트폰	김하나	페이스북	소통	2013.08.01	440,000원	6,500원
스마트폰	김준영	트위터	소통	2014.02.02	420,000원	12,000원
태블릿PC	정민지	페이스북	교육	2014.01.15	400,000원	10,500원
컴퓨터	윤동진	블로그	교육	2015.02.19	550,000원	14,500원
스마트폰	이정미	트위터	소통	2013.10.10	380,000원	6,500원
태블릿PC	박진숙	페이스북	취미	2014.02.28	440,000원	14,500원
컴퓨터	김영지	트위터	교육	2014.01.10	480,000원	18,000원
컴퓨터	한아름	블로그	취미	2013.09.11	580,000원	10,500원

※ 각 사원은 SNS를 한 종류만 사용하고 SNS 활용형태도 하나임

① 페이스북을 이용하거나 태블릿PC를 사용하는 사원은 4명이다.

② SNS를 2014년에 가입한 사원은 트위터를 이용하거나 페이스북을 이용한다.

③ 취미로 SNS를 활용하는 사원의 기기구입비 합계는 100만 원을 넘지 않는다.

④ 2013년에 SNS를 가입하거나 블로그를 이용하는 사원은 5명이다.

9. 다음은 어느 보험회사의 보험계약 현황에 관한 표이다. 이에 대한 설명으로 옳지 않은 것은?

(단위 : 건, 억 원)

구분	2015년		2014년	
	건수	금액	건수	금액
개인보험	5,852,844	1,288,847	5,868,027	1,225,968
생존보험	1,485,908	392,222	1,428,422	368,731
사망보험	3,204,140	604,558	3,241,308	561,046
생사혼합	1,162,792	292,068	1,198,297	296,191
단체보험	0	0	0	0
단체보장	0	0	0	0
단체저축	0	0	0	0
소계	5,852,844	1,288,847	5,868,027	1,225,968

※ 건수는 보유계약의 건수임
※ 금액은 주계약 및 특약의 보험가입금액임

① 2014년과 2015년에 단체보험 보유계약의 건수는 0건이다.

② 2015년은 2014년에 비해 개인보험 보유계약 건수가 감소하였다.

③ 2015년은 2014년에 비해 개인보험 보험가입금액은 증가하였다.

④ 2015년 개인보험 보험가입금액에서 생존보험 금액이 차지하는 구성비는 30% 미만이다.

10. 다음 표는 어느 회사의 공장별 제품 생산 및 판매 실적에 대한 자료이다. 이에 대한 설명으로 옳지 않은 것은?

(단위 : 대)

공장	2016년 12월	2016년 전체	
	생산 대수	생산 대수	판매 대수
A	25	586	475
B	21	780	738
C	32	1,046	996
D	19	1,105	1,081
E	38	1,022	956
F	39	1,350	1,238
G	15	969	947
H	18	1,014	962
I	26	794	702

※ 2017년 1월 1일 기준 재고 수=2016년 전체 생산 대수－2016년 전체 판매 대수

※ 판매율(%) = $\dfrac{\text{판매 대수}}{\text{생산 대수}} \times 100$

※ 2016년 1월 1일부터 제품을 생산·판매하였음

① 2017년 1월 1일 기준 재고 수가 가장 적은 공장은 G공장이다.

② 2017년 1월 1일 기준 재고 수가 가장 많은 공장의 2016년 전체 판매율은 90% 이상이다.

③ 2016년 12월 생산 대수가 가장 많은 공장과 2017년 1월 1일 기준 재고 수가 가장 많은 공장은 동일하다.

④ I공장의 2016년 전체 판매율은 90% 이상이다.

11. 아래에 제시된 네 개의 문장 ㈎~㈑를 문맥에 맞는 순서대로 나열한 것은 어느 것인가?

㈎ 공산품을 제조·유통·사용·폐기하는 과정에서 생태계가 정화시킬 수 있는 정도 이상의 오염물이 배출되고 있기 때문에 다양한 형태의 생태계 파괴가 일어나고 있다.

㈏ 생태계 파괴는 곧 인간에게 영향을 미치므로 생태계의 건강 관리에도 많은 주의를 기울여야 할 것이다.

㈐ 최근 '웰빙'이라는 말이 유행하면서 건강에 더 많은 신경을 쓰는 사람들이 늘어나고 있다.

㈑ 그러나 인간이 살고 있는 환경 자체의 건강에 대해서는 아직도 많은 관심을 쏟고 있지 않는 것 같다.

① ㈏ - ㈎ - ㈐ - ㈑
② ㈎ - ㈏ - ㈑ - ㈐
③ ㈏ - ㈎ - ㈑ - ㈐
④ ㈐ - ㈑ - ㈎ - ㈏

12. 다음은 주간회의를 끝마친 영업팀이 작성한 회의록이다. 다음 회의록을 통해 유추해 볼 수 있는 내용으로 적절하지 않은 것은 어느 것인가?

영업팀 10월 회의록			
회의일시	2018년 10월 11일 10:00~11:30	회의장소	5층 대회의실
참석자	팀장 이하 전 팀원		
회의안건	- 3사분기 실적 분석 및 4사분기 실적 예상 - 본부장/팀장 해외 출장 관련 일정 수정 - 10월 바이어 내방 관련 계약 준비상황 점검 및 체류 일정 점검 - 월 말 부서 등반대회 관련 행사 담당자 지정 및 준비 사항 확인		

안건별 F/up 사항	- 3사분기 매출 및 이익 부진 원인 분석 보고서 작성 (오 과장)
	- 항공 일정 예약 변경 확인(최 대리)
	- 법무팀 계약서 검토 상황 재확인(박 대리)
	- 바이어 일행 체류 일정(최 대리, 윤 사원)
	  →호텔 예약 및 차량 이동 스케줄 수립
	  →업무 후 식사, 관광 등 일정 수립
	- 등반대회 진행 담당자 지정(민 과장, 서 사원)
	  →참가 인원 파악
	  →배정 예산 및 회사 지원 물품 수령 등 유관부서 협조 의뢰
	  →이동 계획 수립 및 회식 장소 예약		

협조부서	총무팀, 법무팀, 회계팀		

① 오 과장은 회계팀에 의뢰하여 3사분기 팀 집행 비용에 대한 자료를 확인해 볼 것이다.
② 최 대리와 윤 사원은 바이어 일행의 체류 기간 동안 업무 후 식사 등 모든 일정을 함께 보내게 될 것이다.
③ 윤 사원은 바이어 이동을 위하여 차량 배차 지원을 총무팀에 의뢰할 것이다.
④ 민 과장과 서 사원은 담당한 업무를 수행하기 위하여 회계팀과 총무팀의 협조를 의뢰하게 될 것이다.

13. 한전의 다양한 업무 문서 중 하나인 다음과 같은 문서의 양식을 참고할 때, 문서의 이름으로 가장 적절한 것은 어느 것인가?

고 객 명			주 소		
연 계 점			접 속 점		
계약전력	kW	최대이용전력	kW	접속점 전압	V
접속설비 설치계획	설치주체		소유·관리 주체		
	설비유형	일반배전접속설비 □ 전용배전접속설비 □ 고객소유설비 □			
	공사구간		궁장(실거리)		m
	공사개요				
	공사기간	고객부담공사비 입금일로부터 약 일			
	개략공사비	₩ 천원(고객부담액 : 약 ₩ 천원(VAT불포함))			
계량장치 설치계획	구 분	설치장소	설치주체	비용부담주체	검정 시험·수리주체
	전기계기				
	부속장치				
기 타 접속조건					

① 배전선로 이설신청서
② 배전용 전기설비 접속제의서
③ 송전용 전기설비 이용계약서
④ 시설부담금 분할납부 계약서

14. 제시된 글에서 청소년기를 규정하고 있는 관점으로 가장 적절한 것은 다음 보기 중 어느 것인가?

고대 그리스의 철학자 Platon은 '법률(Laws)'과 '국가론(the Republic)'이라는 두 책에서 청소년기는 다른 시기보다도 습관에 의해 성격이 형성되기 쉽다고 지적하고 있다. 또한 그는 청소년의 성격은 삶의 과정 동안 매우 변하기 쉽다고 주장하였다. 플라톤은 이성의 발달이 청소년기에 이루어진다고 보았다. 그 이유는 이전의 아동기는 습관에 의한 훈련을 통해 인간의 본능을 알게 되고 이를 자신과 조화시키도록 하는 것은 이성을 습득한 후에 가능하다고 보았기 때문이다.

이러한 맥락에서 교육은 이성이 발달하기 이전에 아동에게 경험을 제공하는 것이며, 플라톤은 아동의 개인차를 인정하여 모든 아동은 각기 다른 능력을 가지고 태어나기 때문에 각자의 적성에 맞는 활동을 할 수 있도록 안내해 주어야 한다고 주장하였다. 청소년기에 대한 플라톤의 긍정적인 태도는 오늘날의 임파워먼트(empowerment)개념과 비슷한 부분이 청소년기에 있음을 주장하고 있는 것으로 여겨진다. 즉 청소년의 능력에 따라 이를 적극적으로 활용할 수 있도록 안내하는 책임이 성인 및 이들을 돕는 전문가에게 있는데, 이는 청소년을 능동적 주체로 여기는 것이다.

청소년기를 태동하게 만든 배경은 서구의 산업혁명으로 인한 의무교육의 도입으로 볼 수 있다. 산업화가 진행됨에 따라 사회는 교육받은 숙련된 노동력을 더욱 필요로 하게 되었다. 이러한 사회적 배경을 토대로 19세기말부터는 아동 및 청소년의 노동을 제한하고 학교교육이 의무화되었다. 그 결과 10대 청소년은 또래와 많은 시간을 보냈고, 아동과는 구별되지만 아직 성인의 책임을 맡을 준비는 되지 않은 독특한 그들만의 또래문화를 만들게 되었다.

① 법적 관점
② 사회적 관점
③ 심리적 관점
④ 교육적 관점

15. 다음 글의 내용과 일치하지 않는 것은?

미국 코넬 대학교 심리학과 연구 팀은 1992년 하계 올림픽 중계권을 가졌던 엔비시(NBC)의 올림픽 중계 자료를 면밀히 분석했는데, 메달 수상자들이 경기 종료 순간에 어떤 표정을 짓는지 감정을 분석하는 연구였다.

연구 팀은 실험 관찰자들에게 23명의 은메달 수상자와 18명의 동메달 수상자의 얼굴 표정을 보고 경기가 끝나는 순간에 이들의 감정이 '비통'에 가까운지 '환희'에 가까운지 10점 만점으로 평정하게 했다. 또한 경기가 끝난 후, 시상식에서 선수들이 보이는 감정을 동일한 방법으로 평정하게 했다. 시상식에서 보이는 감정을 평정하기 위해 은메달 수상자 20명과 동메달 수상자 15명의 시상식 장면을 분석하게 했다.

분석 결과, 경기가 종료되고 메달 색깔이 결정되는 순간 동메달 수상자의 행복 점수는 10점 만점에 7.1로 나타났다. 비통보다는 환희에 더 가까운 점수였다. 그러나 은메달 수상자의 행복 점수는 고작 4.8로 평정되었다. 환희와 거리가 먼 감정 표현이었다. 객관적인 성취의 크기로 보자면 은메달 수상자가 동메달 수상자보다 더 큰 성취를 이룬 것이 분명하다. 그러나 은메달 수상자와 동메달 수상자가 주관적으로 경험한 성취의 크기는 이와 반대로 나왔다. 시상식에서도 이들의 감정 표현은 역전되지 않았다. 동메달 수상자의 행복 점수는 5.7이었지만 은메달 수상자는 4.3에 그쳤다.

왜 은메달 수상자가 3위인 동메달 수상자보다 결과를 더 만족스럽게 느끼지 못하는가? 이는 선수들이 자신이 거둔 객관적인 성취를 가상의 성취와 비교하여 주관적으로 해석했기 때문이다. 은메달 수상자들에게 그 가상의 성취는 당연히 금메달이었다.

최고 도달점인 금메달과 비교한 은메달의 주관적 성취의 크기는 선수 입장에서는 실망스러운 것이다. 반면 동메달 수상자들이 비교한 가상의 성취는 '노메달'이었다. 까딱 잘못했으면 4위에 그칠 뻔했기 때문에 동메달의 주관적 성취의 가치는 은메달의 행복 점수를 뛰어넘을 수밖에 없다.

① 연구 팀은 선수들의 표정을 통해 감정을 분석하였다.
② 연구 팀은 경기가 끝나는 순간과 시상식에서 선수들이 보이는 감정을 동일한 방법으로 평정하였다.
③ 경기가 끝나는 순간 동메달 수상자는 비통보다는 환희에 더 가까운 행복 점수를 보였다.
④ 동메달 수상자와 은메달 수상자가 주관적으로 경험한 성취의 크기는 동일하게 나타났다.

16. 다음 글에 대한 평가로 가장 적절한 것은?

요즘에는 낯선 곳을 찾아갈 때, 지도를 해석하며 어렵게 길을 찾지 않아도 된다. 기술력의 발달에 따라, 제공되는 공간 정보를 바탕으로 최적의 경로를 탐색할 수 있게 되었기 때문이다. 이는 어떤 곳의 위치 좌표나 지리적 형상에 대한 정보뿐만 아니라 시간에 따른 공간의 변화를 포함한 공간 정보를 이용할 수 있게 되면서 가능해진 것이다. 이처럼, 공간 정보가 시간에 따른 변화를 반영할 수 있게 된 것은 정보를 수집하고 분석하는 정보 통신 기술의 발전과 밀접한 관련이 있다.

공간 정보의 활용은 '위치정보시스템(GPS)'과 '지리정보시스템(GIS)' 등의 기술적 발전과 휴대 전화나 태블릿 PC 등 정보 통신 기기의 보급을 기반으로 한다. 위치정보시스템은 공간에 대한 정보를 수집하고 지리정보시스템은 정보를 저장, 분류, 분석한다. 이렇게 분석된 정보는 사용자의 요구에 따라 휴대 전화나 태블릿 PC 등을 통해 최적화되어 전달된다.

길 찾기를 예로 들어 이 과정을 살펴보자. 휴대 전화 애플리케이션을 이용해 사용자가 가려는 목적지를 입력하고 이동 수단으로 버스를 선택하였다면, 우선 사용자의 현재 위치가 위치정보시스템에 의해 실시간으로 수집된다. 그리고 목적지와 이동 수단 등 사용자의 요구와 실시간으로 수집된 정보에 따라 지리정보시스템은 탑승할 버스 정류장의 위치, 다양한 버스 노선, 최단 시간 등을 분석하여 제공한다. 더 나아가 교통 정체와 같은 돌발 상황과 목적지에 이르는 경로의 주변 정보까지 분석하여 제공한다.

공간 정보의 활용 범위는 계속 확대되고 있다. 예를 들어, 여행지와 관련한 공간 정보는 여행자의 요구와 선호에 따라 선별적으로 분석되어 활용된다. 나아가 유동 인구를 고려한 상권 분석과 교통의 흐름을 고려한 도시 계획 수립에도 공간 정보 활용이 가능하게 되었다. 획기적으로 발전되고 있는 첨단 기술이 적용된 공간 정보가 국가 차원의 자연재해 예측 시스템에도 활발히 활용된다면 한층 정밀한 재해 예방 및 대비가 가능해질 것이다. 이로 인해 우리의 삶도 더 편리하고 안전해질 것으로 기대된다.

① 공간 정보 활용 범위의 확대 사례를 제시하여 내용을 타당성 있게 뒷받침하고 있다.
② 전문 기관의 자료를 바탕으로 공간 정보 활용에 대한 믿을 만한 근거를 제시하고 있다.
③ 위치 정보에 접근하는 방식의 차이점을 지역별로 비교하여 균형 있는 주장을 하고 있다.
④ 구체적 수치 자료를 근거로 하여 공간 정보 활용 비율을 신뢰성 있게 제시하고 있다.

17. 아래의 내용은 서울 지역의 터미널 소화물 운송약관의 일부를 발췌한 것이다. 이 날 모든 운행을 마친 승무원 4명(A, B, C, D)이 아래에 제시된 약관을 보며 토론을 하고 있다. 이를 보고 판단한 내용으로 바르지 않은 것을 고르면?

제2조(용어의 정의)
1. 고객 : 회사에 소화물 운송을 위탁하는 자로서 송장에 명시되어있는 자
2. 터미널 소화물 운송 : 고속버스를 이용하여 출발지에서 도착지까지 물품을 운송하는 서비스
3. 송장 : 고객이 위탁할 화물 내용을 기재하여 회사에 제출하는 증서
4. 요금 : 회사가 본 서비스 제공을 위해 별도로 산출한 운송료
5. 물품신고가액 : 화물의 분실 손상의 경우 회사의 배상 책임 한도액을 산정하기 위하여 고객이 신고하는 화물의 가격 (현 시세 기준)
6. 탁송 : 고객이 회사에 화물 운송을 신청하는 것
7. 수탁 : 회사가 고객의 운송신청을 수락하는 것
8. 인도 : 회사가 송장에 기재한 화물을 고객에게 넘겨주는 것
9. 수취인 : 운송된 화물을 인수하는 자

제15조(인수거절)
1. 수취인 부재 또는 인수 지연이나 인수를 거절하는 경우 회사는 고객에게 그 사실을 통보하고 고객의 요청에 따라 처리하여야 하며, 이 경우 발생하는 보관비용 등 추가 비용은 고객이 부담한다. 단, 수취인이 15일 이상 물품 인수를 거부하는 경우 고객의 승낙 없이도 회사가 임의로 화물을 처분 또는 폐기할 수 있으며 이로 인해 발생한 비용을 고객에게 요청할 수 있다.
2. 물품 인도예정일로부터 3일이 경과하는 시점까지 수취인이 물품을 인수하지 아니 하는 경우 초과일수에 대하여는 보관료를 수취인에게 징수할 수 있으며, 그 보관료는 인도 초과 일수 × 운송요금 × 0.2로 한다.

제16조(인도불능화물의 처분)
2. 인도화물이 다음 각 호에 해당할 때는 고객의 동의를 확인하고 처리한다.
   1) 운송화물의 수취인이 분명하지 않은 때
   2) 도착 통지를 한 후 상당기간이 경과하여도 인도청구가 없는 경우
   3) 수취인이 수령을 거절할 때
   4) 인도에 관하여 다툼이 있을 때
   5) 화물 보관에 따른 변질이나 부패 등이 예상될 때
   6) 화물 보관에 과도한 비용이 소요될 때
   7) 화물 인도지연에 따른 가액 감소가 예상될 때

제17조(회사의 책임)

1. 회사는 화물을 수탁한 이후부터 운송도중의 화물에 대한 보호, 관리의 책임을 진다.
2. 화물의 운송에 부수하여 회사가 행하는 모든 업무로 기인하는 화물의 손상, 분실 등에 대한 배상금은 고객이 송장에 기재한 물품신고가액을 초과할 수 없다.
3. 고객이 송장에 허위로 기재하여 발생한 사고 시에는 이를 책임지지 않는다.
4. 회사는 다음 각 호의 경우로 발생된 손해에 대하여는 책임을 지지 아니한다.
   1) 정부에서 운송중지를 요구하는 경우
   2) 천재지변, 전쟁, 쟁의, 소요, 악천후 등 불가항력의 사유가 발생한 경우
   3) 화물의 변질 또는 이에 준하는 경우
   4) 포장의 불완전, 기재내용의 허위가 발견된 경우
   5) 화물주의 과실로 인해 문제발생 된 경우
   6) 교통사고 및 도로사정 등으로 인하여 지연도착이 된 경우
   7) 송장에 명기된 이외의 사항
   8) 도착 후 수취거부 등으로 발생하는 손해

① A : 어떤 아저씨 손님이 본인의 물품을 수령하기를 거부하는 거야. 그렇게 거부한 날이 오늘로써 25일째야. 더 이상은 나도 어쩔 수 없어. 이제는 그 아저씨 의지하고는 관계없이 회사에서 알아서 처분할거야.

② B : 난 이런 일이 있었어. 물품 인도예정일로부터 오늘이 7일째인데 물품 주인 아가씨가 인수를 안 하는 거야. 운송가격은 15,700원이더라고. 그래서 초과된 일수만큼 보관료를 징수했어. 약관상에 나온 일수에 따라 계산해 보니 32,751원이 되더라고.

③ C : 맞아, 또한 운송된 화물이 보관에 의해 변하거나 부패될 거 같으면 고객의 동의를 확인한 후에 처리해야 해.

④ D : 난 오늘 운행을 하다가 물품 운송 중에 빗길에 차가 미끄러져서 몇몇 고객의 화물이 파손되었어. 나중에 들었는데 회사에서 파손물품에 대한 책임을 졌다고 하더라고.

18. 다음의 글을 읽고 미국 경제에 대한 이해로써 가장 적절하지 않은 항목을 고르면?

지난 세기 미국 경제는 확연히 다른 시기들로 나뉠 수 있다. 1930년대 이후 1970년대 말까지는 소득 불평등이 완화되었다. 특히 제2차 세계 대전 직후 30년 가까이는 성장과 분배 문제가 동시에 해결된 황금기로 기록되었다. 그러나 1980년 이후로는 소득 불평등이 급속히 심화되었고, 경제 성장률도 하락했다. 이러한 변화와 관련해 많은 경제학자들은 기술 진보에 주목했다. 기술 진보는 성장과 분배의 두 마리 토끼를 한꺼번에 잡을 수 있는 만병통치약으로 칭송되기도 하지만, 소득 분배를 악화시키고 사회적 안정성을 저해하는 위협 요인으로 비난받기도 한다. 그러나 어느 쪽을 선택한 연구든 20세기 미국 경제의 역사적 현실을 통합적으로 해명하는 데는 한계가 있다.

기술 진보의 중요성을 놓치지 않으면서도 기존 연구의 한계를 뛰어넘는 대표적인 연구로는 골딘과 카츠가 제시한 '교육과 기술의 경주 이론'이 있다. 이들에 따르면, 기술이 중요한 것은 맞지만 교육은 더 중요하며, 불평등의 추이를 볼 때는 더욱 그렇다. 이들은 우선 신기술 도입이 생산성 상승과 경제 성장으로 이어지려면 노동자들에게 새로운 기계를 익숙하게 다룰 능력이 있어야 하는데, 이를 가능케 하는 것이 바로 정규 교육기관 곧 학교에서 보낸 수년간의 교육 시간들이라는 점을 강조한다. 이때 학교를 졸업한 노동자는 그렇지 않은 노동자에 비해 생산성이 더 높으며 그로 인해 상대적으로 더 높은 임금, 곧 숙련 프리미엄을 얻게 된다. 그런데 학교가 제공하는 숙련의 내용은 신기술의 종류에 따라 다르다. 20세기 초반에는 기본적인 계산을 할 줄 알고 기계 설명서와 도면을 읽어내는 능력이 요구되었고, 이를 위한 교육은 주로 중·고등학교에서 제공되었다. 기계가 한층 복잡해지고 IT 기술의 응용이 중요해진 20세기 후반부터는 추상적으로 판단하고 분석할 수 있는 능력의 함양과 함께, 과학, 공학, 수학 등의 분야에 대한 학위 취득이 요구되고 있다.

골딘과 카츠는 기술을 숙련 노동자에 대한 수요로, 교육을 숙련 노동자의 공급으로 규정하고, 기술의 진보에 따른 숙련 노동자에 대한 수요의 증가 속도와 교육의 대응에 따른 숙련 노동자 공급의 증가 속도를 '경주'라는 비유로 비교함으로써, 소득 불평등과 경제 성장의 역사적 추이를 해명한다. 이들에 따르면, 기술은 숙련 노동자들에 대한 상대적 수요를 늘리는 방향으로 변화했고, 숙련 노동자에 대한 수요의 증가율 곧 증가 속도는 20세기 내내 대체로 일정하게 유지된 반면, 숙련 노동자의 공급 측면은 부침을 보였다. 숙련 노동자의 공급은 전반부에는 크게 늘어나 그 증가율이 수요 증가율을 상회했지만, 1980년부터는 증가 속도가 크게 둔화됨으로써 대졸 노동자의 공급 증가율이 숙련 노동자에 대한 수요 증가율을 하회하게 되었다. 이들은 기술과 교육, 양쪽의 증가 속도를 비교함으로써 1915년부터 1980년까지 진행되었던 숙련 프리미엄의 축소는 숙련 노동자들의 공급이 더 빠르게 늘어난 결과, 곧 교육이 기술을 앞선 결과임을 밝혔다.

이에 비해 1980년 이후에 나타난 숙련 프리미엄의 확대, 곧 교육에 따른 임금 격차의 확대는 대졸 노동자의 공급 증가율 하락에 의한 것으로 보았다. 이러한 분석 결과에 소득 불평등의 많은 부분이 교육에 따른 임금 격차에 의해 설명되었다는 역사적 연구가 결합됨으로써, 미국의 경제 성장과 소득 불평등은 교육과 기술의 '경주'에 의해 설명될 수 있었다.

그렇다면 교육을 결정하는 힘은 어디에서 나왔을까? 특히 양질의 숙련 노동력이 생산 현장의 수요에 부응해 빠른 속도로 늘어나도록 한 힘은 어디에서 나왔을까? 골딘과 카츠는 이와 관련해 1910년대를 기점으로 본격화되었던 중·고등학교 교육 대중화 운동에 주목한다. 19세기 말 경쟁의 사다리 하단에 머물러 있던 많은 사람들은 교육이 자식들에게 새로운 기회를 제공해 주기를 희망했다. 이러한 염원이 '풀뿌리 운동'으로 확산되고 마침내 정책으로 반영되면서 변화가 시작되었다. 지방 정부가 독자적으로 재산세를 거둬 공립 중등 교육기관을 신설하고 교사를 채용해 양질의 일자리를 얻는 데 필요한 교육을 무상으로 제공하게 된 것이다. 이들의 논의는 새로운 대중 교육 시스템의 확립에 힘입어 신생 국가인 미국이 부자 나라로 성장하고, 수많은 빈곤층 젊은이들이 경제 성장의 열매를 향유했던 과정을 잘 보여 준다.

교육과 기술의 경주 이론은 신기술의 출현과 노동 수요의 변화, 생산 현장의 필요에 부응하는 교육기관의 숙련 노동력 양성, 이를 뒷받침하는 제도와 정책의 대응, 더 새로운 신기술의 출현이라는 동태적 상호 작용 속에서 성장과 분배의 양상이 어떻게 달라질 수 있는가에 관한 중요한 이론적 준거를 제공해 준다. 그러나 이 이론은 한계도 적지 않아 성장과 분배에 대한 다양한 논쟁을 촉발하고 있다.

① 20세기 초에는 숙련에 대한 요구가 계산 및 독해 능력 등에 맞춰졌다.
② 20세기 초에는 미숙련 노동자가, 말에 가서는 숙련 노동자가 선호되었다.
③ 20세기 말에는 소득 분배의 악화 및 경제 성장의 둔화 현상 등이 동시에 발생했다.
④ 20세기 말에는 숙련 노동자의 공급이 대학 이상의 고등 교육에 의해 주도되었다.

19. 다음은 산재보험의 소멸과 관련된 글이다. 다음 보기 중 글의 내용은 올바르게 이해한 것이 아닌 것은 무엇인가?

가. 보험관계의 소멸사유
• 사업의 폐지 또는 종료 : 사업이 사실상 폐지 또는 종료된 경우를 말하는 것으로 법인의 해산등기 완료, 폐업신고 또는 보험관계소멸신고 등과는 관계없음
• 직권소멸 : 근로복지공단이 보험관계를 계속해서 유지할 수 없다고 인정하는 경우에는 직권소멸 조치
• 임의가입 보험계약의 해지신청 : 사업주의 의사에 따라 보험계약해지 신청가능하나 신청 시기는 보험가입승인을 얻은 해당 보험 연도 종료 후 가능
• 근로자를 사용하지 아니할 경우 : 사업주가 근로자를 사용하지 아니한 최초의 날부터 1년이 되는 날의 다음날 소멸
• 일괄적용의 해지 : 보험가입자가 승인을 해지하고자 할 경우에는 다음 보험 연도 개시 7일 전까지 일괄적용해지신청서를 제출하여야 함

나. 보험관계의 소멸일 및 제출서류
　(1) 사업의 폐지 또는 종료의 경우
　　• 소멸일 : 사업이 사실상 폐지 또는 종료된 날의 다음 날
　　• 제출서류 : 보험관계소멸신고서 1부
　　• 제출기한 : 사업이 폐지 또는 종료된 날의 다음 날부터 14일 이내
　(2) 직권소멸 조치한 경우
　　• 소멸일 : 공단이 소멸을 결정·통지한 날의 다음날
　(3) 보험계약의 해지신청
　　• 소멸일 : 보험계약해지를 신청하여 공단의 승인을 얻은 날의 다음 날
　　• 제출서류 : 보험관계해지신청서 1부
　　※ 다만, 고용보험의 경우 근로자(적용제외 근로자 제외) 과반수의 동의를 받은 사실을 증명하는 서류(고용보험 해지신청 동의서)를 첨부하여야 함

① 고용보험과 산재보험의 해지 절차가 같은 것은 아니다.
② 사업장의 사업 폐지에 따른 서류 및 행정상의 절차가 완료되어야 보험관계가 소멸된다.
③ 근로복지공단의 판단으로도 보험관계가 소멸될 수 있다.
④ 보험 일괄해지를 원하는 보험가입자는 다음 보험 연도 개시 일주일 전까지 서면으로 요청을 해야 한다.

20. 다음은 어느 리서치 회사의 업무 관련 자료이다. 이를 바탕으로 추론할 수 있는 것을 모두 고르면?

> 대선후보 경선 여론조사에서 후보에 대한 지지 정도에 따라 피조사자들은 세 종류로 분류된다. 특정 후보를 적극적으로 지지하는 사람들과 소극적으로 지지하는 사람들, 그리고 기타에 해당하는 사람들이다.
>
> 후보가 두 명인 경우로 한정해서 생각해 보자. 여론조사 방식은 설문 문항에 따라 두 가지로 분류된다. 하나는 선호도 방식으로 "차기 대통령 후보로 누구를 더 선호하느냐?"라고 묻는다. 선호도 방식은 적극적으로 지지하는 사람들과 소극적으로 지지하는 사람들을 모두 지지자로 계산하는 방식이다. 이 여론조사 방식에서 적극적 지지자들과 소극적 지지자들은 모두 지지 의사를 답한다.
>
> 다른 한 방식은 지지도 방식으로 "내일(혹은 오늘) 투표를 한다면 누구를 지지하겠느냐?"라고 묻는다. 특정 후보를 적극적으로 지지하는 지지자들은 두 경쟁 후보를 놓고 두 물음에서 동일한 반응을 보일 것이다.
>
> 문제는 어느 한 후보를 적극적으로 지지하지 않는 소극적 지지자들이다. 이들은 특정 후보가 더 낫다고 생각하기 때문에 선호도를 질문할 경우에는 지지하는 후보가 없다는 '무응답'을 선택한다. 따라서 지지도 방식은 적극적 지지자만 지지자로 분류하고 나머지는 기타로 분류하는 방식에 해당한다.

> ㉠ A후보가 B후보보다 적극적 지지자의 수가 많고 소극적 지지자의 수는 적을 경우 지지도 방식을 사용할 때 A후보가 B후보보다 더 많은 지지를 받을 것이다.
> ㉡ A후보가 B후보보다 적극적 지지자의 수는 적고 소극적 지지자의 수가 많을 경우, 선호도 방식을 사용할 때 A후보가 B후보보다 더 많은 지지를 받을 것이다.
> ㉢ A후보가 B후보보다 적극적 지지자와 소극적 지지자의 수가 각각 더 많다면, 선호도 방식에 비해 지지도 방식에서 A후보와 B후보 사이의 지지자 수의 격차가 더 클 것이다.

① ㉠
② ㉢
③ ㉠, ㉡
④ ㉠, ㉢

21. 양 과장 휴가를 맞아 제주도로 여행을 떠나려고 한다. 가족 여행이라 짐이 많을 것을 예상한 양 과장은 제주도로 운항하는 5개의 항공사별 수하물 규정을 다음과 같이 검토하였다. 다음 규정을 참고할 때, 양 과장이 판단한 것으로 올바르지 않은 것은 어느 것인가?

	화물용	기내 반입용
갑항공사	A+B+C=158cm 이하, 각 23kg, 2개	A+B+C=115cm 이하, 10kg~12kg, 2개
을항공사		A+B+C=115cm 이하, 10kg~12kg, 1개
병항공사	A+B+C=158cm 이하, 20kg, 1개	A+B+C=115cm 이하, 7kg~12kg, 2개
정항공사	A+B+C=158cm 이하, 각 20kg, 2개	A+B+C=115cm 이하, 14kg 이하, 1개
무항공사		A+B+C=120cm 이하, 14kg~16kg, 1개

* A, B, C는 가방의 가로, 세로, 높이의 길이를 의미함.

① 기내 반입용 가방이 최소한 2개는 되어야 하니 일단 갑, 병항공사밖엔 안 되겠군.
② 가방 세 개 중 A+B+C의 합이 2개는 155cm, 1개는 118cm이니 무항공사 예약상황을 알아봐야지.
③ 무게로만 따지면 병항공사보다 을항공사를 이용하면 더 많은 짐을 가져갈 수 있겠군.
④ 가방의 총 무게가 55kg을 넘어갈 테니 반드시 갑항공사를 이용해야겠네.

|22~23| 다음은 H공단에서 제정한 휴가 관련 규정의 일부 내용이다. 이를 참고로 이어지는 물음에 답하시오.

제24조(남녀평등실현) 모집과 채용, 임금, 임금 이외의 금품 및 복리후생, 교육훈련, 배치 및 승진, 정년·퇴직 및 해고 등과 관련하여 성별에 의한 차별을 하지 않는다. 또한 현존하는 차별을 해소하여 실질적인 남녀평등을 실현하기 위한 다양한 적극적 조치를 추진한다.

제25조(생리휴가) 여성 직원에 대하여 월 1일의 유급 생리휴가를 준다. 사용하지 않은 생리휴가에 대하여는 해당 월의 임금지급 시 수당으로 지급한다.

제26조(임신 중의 여성보호 및 휴가)

1. 임신 중의 여성에 대하여 월 1일의 유급태아검진휴가를 준다.
2. 태아나 모체의 건강상 요양이 필요한 경우 의사의 소견에 따라 유급휴가를 준다.
3. 임신 중인 여성의 모성보호를 위하여 본인의 요청이 있을 시 출퇴근 시간을 조정할 수 있다.

제27조(산전후휴가)

1. 임신 중의 여성에 대하여는 산전, 후를 통하여 100일의 유급보호휴가를 주고, 산후에 70일 이상이 확보되도록 한다.
2. 배우자가 출산하였을 경우 7일의 유급출산 간호휴가를 준다.

제28조(유·사산휴가)

1. 임신 4개월 미만의 유산의 경우, 의사소견에 따라 30일 이내의 유급휴가를 준다.
2. 4개월 이상 8개월 미만의 유산, 조산, 사산의 경우 50일 이상의 유급휴가를 준다.
3. 8개월 이상의 조산, 사산의 경우 출산과 동일한 유급휴가를 준다.

제29조(수유시간) 생후 1년 미만의 영아를 가진 여성에 대하여는 1일 1시간씩의 수유시간을 주어야 하며, 조건이 마련되지 않은 경우에는 해당 시간의 출퇴근시간을 조정한다.

제30조(육아휴직)

1. 만 8세 이하 또는 초등학교 2학년 이하의 자녀(입양한 자녀를 포함한다)양육을 위해 육아휴직을 신청하는 경우 1년 이내의 육아휴직을 준다.
2. 육아휴직기간 중(출산휴가 제외) 사회보험 또는 국가재정에 의해 지급되는 부분을 포함하여 최초의 3개월은 본인 평균임금의 70%, 그 이후는 50%가 되도록 지급한다.

제31조(연수기간) 직원의 전문역량 강화를 위해 다음과 같이 연수기간을 실시한다.

1. 6년 이상 계속근무자가 소정의 연수계획서를 첨부하여 신청하면 6개월 이내의 유급 연수기간을 부여한다.
2. 연수기간은 총 직원의 3%내에서 실시하며, 신청자가 3%를 초과할 경우에는 인사담당부서에서 근속년수, 연령, 건강상태를 기준으로 시행시기를 결정한다.
3. 임금은 기본급, 가족수당과 이를 기준으로 한 상여금 전액을 지급한다.

제32조(휴직) 직원은 특별한 사고, 또는 사정이 있을 때 아래와 같이 휴직을 신청할 수 있다. 단, 1, 3항의 경우 사회보험 등에서 부담되는 금액을 포함한다.

1. 업무상 재해 - 완치될 때까지 - 유급 100%
2. 업무 외 질병으로 인한 요양 및 입원 시 - 90일 이내(단, 회사의 결정에 따라 1년까지 연장할 수 있다) - 90일까지 유급 100%
3. 직계존비속, 배우자의 질병으로 본인의 간병 등과 같이 불가피한 경우 회사의 결정에 따라 무급휴직하되, 그 기간은 1년에 180일을 넘지 못한다.

22. 다음 〈보기〉의 대화 중 위의 규정을 올바르게 이해한 사람을 모두 고른 것은 어느 것인가?

〈보기〉

A : "인사팀 희영 씨는 생리휴가도 거의 안 써서 매달 수당을 추가로 받더니, 임신 후에도 태아검진휴가를 잘 안 써서 수당 지급이 계속 이어지고 있더라."

B : "출퇴근 시간을 조정할 수 있으니 그 시간에 검진을 받는지도 모르지. 그래도 출산 전에 최대 30일까지 산전 휴가를 쓸 수 있으니 희영 씨가 적절히 사용하겠지."

C : "그럼 산후에는 30일보다 더 길게 휴가를 쓸 수가 있겠네요? 산후 휴가를 쓰면 유급이라고 하던데 급여가 100% 지급되니 걱정 없이 쉴 수가 있겠어요."

D : "산후 휴가 일수는 산전에 며칠을 썼는지에 따라 달라지는데, 산후 휴가 기간에는 70%의 임금이 지급된다고 알고 있어요."

① B, C
② A, B
③ A, C
④ C, D

23. 위의 규정을 참고할 때, H공단 인사담당부서의 인사 조치로 적절하지 않은 것은 다음 중 누구의 경우인가?

성명	내용	인사조치	기타
① 오 대리(여)	임신 9개월째 사산	80일 유급휴가 부여	사고 전 20일 산전휴가 기 사용
② 최 대리(남)	배우자 출산	유급휴가 7일	
③ 박 과장(여)	유치원 자녀를 위한 2개월 육아휴직 신청	휴직 부여	평균임금의 70% 지급
④ 서 대리(여)	입사 5년차, 연수신청	유급연수 부여	신청 인원 3% 이내

24. 아래의 내용은 네트워크 중립성 지지자들 및 계층적 인터넷 지지자들 간 논쟁에 대한 것이다. 이에 기반하여 볼 때 양쪽 주장이 충돌하게 되는 쟁점을 모두 고르면?

네트워크 중립성이란 네트워크상의 모든 트래픽이 평등하게 처리되어야 한다는 개념으로, 전화나 케이블 사업자와 같은 인터넷 사업자는 트래픽의 제공자가 누구인지 혹은 어떠한 콘텐츠를 담고 있는지에 상관없이 차별 없는 인터넷을 제공해야 한다는 것을 의미한다. 네트워크 중립성의 지지자들은 인터넷을 고속 회선과 저속 회선으로 계층화한다면, 인터넷 사업자들이 자신의 수익 향상을 위해 고속 회선의 운용에 집중할 것이고 일반 사용자들의 사용 환경은 악화될 것을 우려한다. 또한 중립성이 보장되지 않을 경우 자금이 부족하여 충분한 대역폭을 확보할 수 없는 신생 기업들의 성장이 억제되고 기술 혁신이 저해될 것이라고 주장한다. 반면 네트워크 중립성을 반대하는 계층적 인터넷의 지지자들은 고품질의 동영상과 같은 대용량 트래픽의 서비스를 안정적으로 제공하기 위해서 네트워크 서비스를 차등화하여 요금을 부과할 필요가 있다고 주장한다. 일부 소비자들은 더 나은 품질의 서비스를 받기 위해 요금을 더 지불할 의사가 있고, 인터넷 사업자들은 그 수익금으로 인프라개선 및 대역폭 향상에 다시 투자하여 선순환을 유도할 수 있다는 것이다.

또한 계층적 인터넷을 지지하는 인터넷 사업자들은 추후네트워크 혼잡의 문제가 심각하게 제기되어 기존 방식으로는 새로운 서비스들에 대한 품질 보장이 어렵게 될 것이기 때문에 품질 관리가 중요한 서비스 전송에 우선권을 부여할 필요성이 있다고 주장하는 데 반하여, 네트워크 중립성을 지지하는 콘텐츠사업자와 인터넷 전화 사업자들은 네트워크 혼잡의 위험성이 높지 않다고 주장한다. 계층적 인터넷의 지지자들은 네트워크 고도화에 따른 투자의 필요성이 증가하고 있으나 네트워크 중립성으로 콘텐츠 사업자들이 충분한 대가를 지불하지 않고 통신 사업자 및 케이블 사업자에 의해 구축된 네트워크에 무임승차하고 있다고 주장하고 있으며, 네트워크 중립성의 옹호자들은 인터넷 사업자들의 네트워크 고도화 투자 결정은 네트워크 중립성 문제와 큰 관련이 없다고 주장한다. 네트워크 중립성의 지지자들은 계층적 인터넷 하에서의 지불 능력에 따른 차별이 인터넷상의 온갖 혁신을 가능케 하였던 인터넷의 개방성을 감소시킬 것을 우려한다. 이에 대하여 계층적 인터넷의 지지자들은 계층적 인터넷 하에서도 기존 인터넷의 개방적 성격이 유지될 수 있다고 주장한다.

〈보기〉

㉠ 향상된 서비스에 요금을 더 지불할 의사를 가진 소비자들이 존재하는가?

㉡ 계층적 인터넷은 신생 기업에게 진입 장벽으로써 작용할 것인가?

㉢ 네트워크의 혼잡이 심각한 문제로 제기될 것인가?

㉣ 계층적인 인터넷 환경에서 인터넷의 개방성이 감소할 것인가?

① ㉠, ㉡, ㉢　　　　　② ㉠, ㉢

③ ㉡, ㉢　　　　　　　④ ㉢, ㉣

---

25. 다음을 근거로 판단할 때, 도형의 모양을 옳게 짝지은 것은?

5명의 학생은 5개 도형 A~E의 모양을 맞히는 게임을 하고 있다. 5개의 도형은 모두 서로 다른 모양을 가지며 각각 삼각형, 사각형, 오각형, 원 중 하나의 모양으로 이루어진다. 학생들에게 아주 짧은 시간 동안 5개의 도형을 보여준 후 도형의 모양을 2개씩 진술하게 하였다. 학생들이 진술한 도형의 모양은 다음과 같고, 모두 하나씩만 정확하게 맞혔다.

〈진술〉

甲 : C = 삼각형, D = 사각형

乙 : B = 오각형, E = 사각형

丙 : C = 원, D = 오각형

丁 : A = 육각형, E = 사각형

戊 : A = 육각형, B = 삼각형

---

① A = 육각형, D = 사각형

② B = 오각형, C = 삼각형

③ A = 삼각형, E = 사각형

④ C = 오각형, D = 원

---

26. 다음은 이야기 내용과 그에 관한 설명이다. 이야기에 관한 설명 중 이야기 내용과 일치하는 것은 모두 몇 개인가?

[이야기 내용]

장애 아동을 위한 특수학교가 있다. 그 학교에는 키 성장이 멈추거나 더디어서 110cm 미만인 아동이 10명, 심한 약시로 꾸준한 치료와 관리가 필요한 아동이 10명 있다. 키가 110cm 미만인 아동은 모두 특수 스트레칭 교육을 받는다. 그리고 특수 스트레칭 교육을 받는 아동 중에는 약시인 아동은 없다. 이 학교에는 특수 영상장치가 설치된 학급은 한 개뿐이고, 약시인 어떤 아동은 특수 영상장치가 설치된 학급에서 교육을 받는다. 숙이, 철이, 석이는 모두 이 학교에 다니는 아동이다.

[이야기에 관한 설명]

1. 이 학교의 총 학생 수는 20명이다.

2. 특수 스트레칭 교육을 받는 아동은 최소 10명이다.

3. 특수 스트레칭 교육을 받는 아동은 특수 영상장치가 설치된 학급에서 교육을 받는다.

4. 이 학교의 학급 수는 2개이다.

5. 석이의 키가 100cm라면, 석이는 약시가 아니다.

6. 숙이, 철이, 석이 모두 약시라면 세 사람은 같은 교실에서 교육을 받는다.

---

① 0개　　　　　　　② 1개

③ 2개　　　　　　　④ 3개

27. 서원 그룹의 K부서에서는 자기 부서의 정책을 홍보하기 위해 책자를 제작해 배포하는 프로젝트를 진행하였다. 프로젝트 진행 과정이 다음과 같을 때, 프로젝트 결과에 대한 평가로 항상 옳은 것을 모두 고르면?

이번에 K부서에서는 자기 부서의 정책을 홍보하기 위해 책자를 제작해 배포하였다. 이 홍보 사업에 참여한 K부서의 팀은 A와 B 두 팀이다. 두 팀은 각각 500권의 정책홍보 책자를 제작하였다. 그러나 책자를 어떤 방식으로 배포할 것인지에 대해 두 팀 간에 차이가 있었다. A팀은 자신들이 제작한 K부서의 모든 정책홍보책자를 서울이나 부산에 배포한다는 지침에 따라 배포하였다. 한편, B팀은 자신들이 제작한 K부서 정책홍보책자를 서울에 모두 배포하거나 부산에 모두 배포한다는 지침에 따라 배포하였다. 사업이 진행된 이후 배포된 결과를 살펴보기 위해서 서울과 부산을 조사하였다. 조사를 담당한 한 직원은 A팀이 제작·배포한 K부서 정책홍보책자 중 일부를 서울에서 발견하였다.

한편, 또 다른 직원은 B팀이 제작·배포한 K부서 정책홍보책자 중 일부를 부산에서 발견하였다. 그리고 배포 과정을 검토해 본 결과, 이번에 A팀과 B팀이 제작한 K부서 정책 홍보책자는 모두 배포되었다는 것과, 책자가 배포된 곳과 발견된 곳이 일치한다는 것이 확인되었다.

㉠ 부산에는 500권이 넘는 K부서 정책홍보책자가 배포되었다.
㉡ 서울에 배포된 K부서 정책홍보책자의 수는 부산에 배포된 K부서 정책홍보책자의 수보다 적다.
㉢ A팀이 제작한 K부서 정책홍보책자가 부산에서 발견되었다면, 부산에 배포된 K부서 정책홍보책자의 수가 서울에 배포된 수보다 많다.

① ㉠

② ㉢

③ ㉠, ㉡

④ ㉡, ㉢

28. 외국계 은행인 A 은행 서울지사에 근무하는 甲과, 런던지사에 근무하는 乙, 시애틀지사에 근무하는 丙은 같은 프로젝트를 진행하면서 다음과 같이 영상업무회의를 진행하였다. 회의 시각은 런던을 기준으로 11월 1일 오전 9시이고, 런던은 GMT+0, 서울은 GMT+9, 시애틀은 GMT−7을 표준시로 사용한다. 회의록을 바탕으로 할 때 빈칸에 들어갈 일시는?

甲 : 제가 프로젝트에서 맡은 업무는 오늘 오후 10시면 마칠 수 있습니다. 런던에서 받아서 1차 수정을 부탁드립니다.
乙 : 네, 저는 甲님께서 제시간에 끝내 주시면 다음날 오후 3시면 마칠 수 있습니다. 시애틀에서 받아서 마지막 수정을 부탁드립니다.
丙 : 알겠습니다. 저는 앞선 두 분이 제시간에 끝내 주신다면 서울을 기준으로 모레 오전 10시면 마칠 수 있습니다. 제가 업무를 마치면 프로젝트가 최종 마무리 되겠군요.
甲 : 잠깐, 다들 말씀하신 시각의 기준이 다른 것 같은데요? 저는 처음부터 런던을 기준으로 이해하고 말씀드렸습니다.
乙 : 저는 처음부터 시애틀을 기준으로 이해하고 말씀드렸는데요?
丙 : 저는 처음부터 서울을 기준으로 이해하고 말씀드렸습니다. 그렇다면 계획대로 진행될 때 서울을 기준으로 (   )에 프로젝트를 최종 마무리할 수 있겠네요.
甲, 乙 : 네, 맞습니다.

① 11월 2일 오후 3시

② 11월 2일 오후 11시

③ 11월 3일 오전 10시

④ 11월 3일 오후 7시

29. H 기업 영업부장인 甲은 차장 乙 그리고 직원 丙, 丁과 함께 총 4명이 장거리 출장이 가능하도록 배터리 완전충전 시 주행거리가 200km 이상인 전기자동차 1대를 선정하여 구매팀에 구매를 의뢰하려고 한다. 다음을 근거로 판단할 때, 甲이 선정하게 될 차량은?

□ 배터리 충전기 설치
- 구매와 동시에 회사 주차장에 배터리 충전기를 설치하려고 하는데, 배터리 충전시간(완속 기준)이 6시간을 초과하지 않으면 완속 충전기를, 6시간을 초과하면 급속 충전기를 설치하려고 한다.

□ 정부 지원금
- 정부는 전기자동차 활성화를 위하여 전기자동차 구매 보조금을 구매와 동시에 지원하고 있는데, 승용차는 2,000만 원, 승합차는 1,000만 원을 지원하고 있다. 승용차 중 경차는 1,000만 원을 추가로 지원한다.
- 배터리 충전기에 대해서는 완속 충전기에 한하여 구매 및 설치비용을 구매와 동시에 전액 지원하며, 2,000만 원이 소요되는 급속 충전기의 구매 및 설치비용은 지원하지 않는다.

□ 차량 선택
- 배터리 충전기 설치와 정부 지원금을 감안하여 甲은 차량 A~D 중에서 실구매 비용(충전기 구매 및 설치비용 포함)이 가장 저렴한 차량을 선택하려고 한다. 단, 실구매 비용이 동일할 경우에는 '점수 계산 방식'에 따라 점수가 가장 높은 차량을 구매하려고 한다.

□ 점수 계산 방식
- 최고속도가 120km/h 미만일 경우에는 120km/h를 기준으로 10km/h가 줄어들 때마다 2점씩 감점
- 승차 정원이 4명을 초과할 경우에는 초과인원 1명당 1점씩 가점

□ 구매 차량 후보

차량	A	B	C	D
최고속도(km/h)	130	100	140	120
완전충전 시 주행거리(km)	250	200	300	300
충전시간(완속 기준)	7시간	5시간	4시간	5시간
승차 정원	6명	8명	4명	5명
차종	승용	승합	승용 (경차)	승용
가격(만 원)	5,000	6,000	8,000	8,000

① A   ② B
③ C   ④ D

---

30. 甲 공단 시설팀에 근무하는 乙은 공공시설물을 대상으로 내진보강대책을 평가하고 보고서를 작성하고 있다. 보고서에 따라 A~D 평가대상기관 중 최상위기관과 최하위기관을 고르면?

□ 공공시설물 내진보강대책 추진실적 평가기준
- 평가요소 및 점수부여
  - 내진성능평가지수 $= \dfrac{내진성능평가실적건수}{내진보강대상건수} \times 100$
  - 내진보강공사지수 $= \dfrac{내진보강공사실적건수}{내진보강대상건수} \times 100$
  - 산출된 지수 값에 따른 점수는 아래 표와 같이 부여한다.

구분	지수 값 최상위 1개 기관	지수 값 중위 2개 기관	지수 값 최하위 1개 기관
내진성능 평가점수	5점	3점	1점
내진보강 공사점수	5점	3점	1점

- 최종순위 결정
  - 내진성능평가점수와 내진보강공사점수의 합이 큰 기관에 높은 순위를 부여한다.
  - 합산 점수가 동점인 경우에는 내진보강대상건수가 많은 기관을 높은 순위로 한다.

□ 평가대상기관의 실적

(단위 : 건)

구분	A	B	C	D
내진성능평가실적	82	72	72	83
내진보강공사실적	91	76	81	96
내진보강대상	100	80	90	100

	최상위기관	최하위기관
①	A	B
②	B	C
③	B	D
④	D	C

31. A기업 기획팀에서는 새로운 프로젝트를 추진하면서 업무추진력이 높은 직원은 프로젝트의 팀장으로 발탁하려고 한다. 성취행동 경향성이 높은 사람을 업무추진력이 높은 사람으로 규정할 때, 아래의 정의를 활용해서 〈보기〉의 직원들을 업무추진력이 높은 사람부터 순서대로 바르게 나열한 것은?

성취행동 경향성(TACH)의 강도는 성공추구 경향성(Ts)에서 실패회피 경향성(Tf)을 뺀 점수로 계산할 수 있다($TACH = Ts - Tf$). 성공추구 경향성에는 성취동기(Ms)라는 잠재적 에너지의 수준이 영향을 준다. 왜냐하면 성취동기는 성과가 우수하다고 평가받고 싶어 하는 것으로 어떤 사람의 포부수준, 노력 및 끈기를 결정하기 때문이다. 어떤 업무에 대해서 사람들이 제각기 다양한 방식으로 행동하는 것은 성취동기가 다른 데도 원인이 있지만, 개인이 처한 환경요인이 서로 다르기 때문이기도 하다. 이 환경요인은 성공기대확률(Ps)과 성공결과의 가치(Ins)로 이루어진다. 즉 성공추구 경향성은 이 세 요소의 곱으로 결정된다($Ts = Ms \times Ps \times Ins$).

한편 실패회피 경향성은 실패회피동기, 실패기대확률 그리고 실패결과의 가치의 곱으로 결정된다. 이때 성공기대확률과 실패기대확률의 합은 1이며, 성공결과의 가치와 실패결과의 가치의 합도 1이다.

〈보기〉
- A는 성취동기가 3이고, 실패회피동기가 1이다. 그는 국제환경협약에 대비한 공장건설환경규제안을 만들었는데, 이 규제안의 실현가능성을 0.7로 보며, 규제안이 실행될 때의 가치를 0.2로 보았다.
- B는 성취동기가 2이고, 실패회피동기가 1이다. 그는 도시고속화도로 건설안을 기획하였는데, 이 기획안의 실패가능성을 0.7로 보며, 도로건설사업이 실패하면 0.3의 가치를 갖는다고 보았다.
- C는 성취동기가 3이고, 실패회피동기가 2이다. 그는 △△지역의 도심재개발계획을 주도하였는데, 이 계획의 실현가능성을 0.4로 보며, 재개발사업이 실패하는 경우의 가치를 0.3으로 보았다.

① A, B, C
② B, A, C
③ B, C, A
④ C, B, A

32. 다음 ⑦~@는 네 가지 유형의 서로 다른 고객에 대하여 효과적으로 응대하는 방법을 제시한 것이다. 이를 고객의 유형과 알맞게 짝지은 것은?

⑦ 정중하게 대하며, 의외의 단순한 면이 나타나길 기다렸다가 고객의 호감을 살 수도 있다.
㉯ 이야기를 경청하며 추켜세우고 설득해 간다.
㉰ 애매한 화법을 지양하고 시원스럽게 처리하는 모습을 보여 준다.
㉱ 분명한 증거나 근거를 제시하거나 책임자에게 응대토록 한다.

	⑦	㉯	㉰	㉱
①	트집형	거만형	빨리빨리형	의심형
②	거만형	트집형	의심형	빨리빨리형
③	거만형	트집형	빨리빨리형	의심형
④	거만형	빨리빨리형	트집형	의심형

33. 다음 두 조직의 특성을 참고할 때, '갈등관리' 차원에서 본 두 조직에 대한 설명으로 적절하지 않은 것은?

감사실은 늘 조용하고 직원들 간의 업무적 대화도 많지 않아 전화도 큰소리로 받기 어려운 분위기다. 다들 무언가를 열심히 하고는 있지만 직원들끼리의 교류나 상호작용은 찾아보기 힘들고 왠지 활기찬 느낌은 없다. 그렇지만 직원들끼리 반목과 불화가 있는 것은 아니며, 부서장과 부서원들 간의 관계도 나쁘지 않아 큰 문제없이 맡은 바 임무를 수행해 나가기는 하지만 실적이 좋지는 않다.

반면, 빅데이터 운영실은 하루 종일 떠들썩하다. 한쪽에선 시끄러운 전화소리와 고객과의 마찰로 빚어진 언성이 오가며 여기저기 조직원들끼리의 대화가 끝없이 이어진다. 일부 직원은 부서장에게 꾸지람을 듣기도 하고 한쪽에선 직원들 간의 의견 충돌을 해결하느라 열띤 토론도 이어진다. 어딘가 어수선하고 집중력을 요하는 일은 수행하기 힘든 분위기처럼 느껴지지만 의외로 업무 성과는 우수한 조직이다.

① 감사실은 조직 내 갈등이나 의견 불일치 등의 문제가 거의 없어 이상적인 조직으로 평가될 수 있다.
② 빅데이터 운영실에서는 갈등이 새로운 해결책을 만들어 주는 기회를 제공한다.
③ 감사실은 갈등수준이 낮아 의욕이 상실되기 쉽고 조직성과가 낮아질 수 있다.
④ 빅데이터 운영실은 생동감이 넘치고 문제해결 능력이 발휘될 수 있다.

34. 조직 사회에서 일어나는 갈등을 해결하는 방법 중 문제를 회피하지 않으면서 상대방과의 대화를 통해 동등한 만큼의 목표를 서로 누리는 두 가지 방법이 있다. 이 두 가지 갈등해결방법에 대한 다음의 설명 중 빈칸에 들어갈 알맞은 말은?

첫 번째 유형은 자신에 대한 관심과 상대방에 대한 관심이 중간정도인 경우로서, 서로가 받아들일 수 있는 결정을 하기 위하여 타협적으로 주고받는 방식을 말한다. 즉, 갈등 당사자들이 반대의 끝에서 시작하여 중간 정도 지점에서 타협하여 해결점을 찾는 것이다.

두 번째 유형은 협력형이라고도 하는데, 자신은 물론 상대방에 대한 관심이 모두 높은 경우로서 '나도 이기고 너도 이기는 방법(win-win)'을 말한다. 이 방법은 문제해결을 위하여 서로 간에 정보를 교환하면서 모두의 목표를 달성할 수 있는 '윈윈' 해법을 찾는다. 아울러 서로의 차이를 인정하고 배려하는 신뢰감과 공개적인 대화를 필요로 한다. 이 유형이 가장 바람직한 갈등해결 유형이라 할 수 있다. 이러한 '윈윈'의 방법이 첫 번째 유형과 다른 점은 (   )는 것이며, 이것을 '윈윈 관리법'이라고 한다.

① 시너지 효과를 극대화할 수 있다.

② 상호 친밀감이 더욱 돈독해진다.

③ 보다 많은 이득을 얻을 수 있다.

④ 문제의 근본적인 해결책을 얻을 수 있다.

35. 전기안전관리 대행업체의 인사팀 직원 K는 다음의 기준에 의거하여 직원들의 자격증 취득 전후 경력을 산정하려고 한다. 다음 중 K가 산정한 경력 중 옳은 것을 모두 고르면?

〈전기안전관리자 경력 조건 인정 범위〉

조건	인정 범위
1. 자격 취득 후 경력 기간 100% 인정	• 전력시설물의 설계·공사·감리·유지보수·관리·진단·점검·검사에 관한 기술업무 • 전력기술 관련 단체·업체 등에서 근무한 자의 전력기술에 관한 업무
2. 자격 취득 후 경력 기간 80% 인정	• 「전기용품안전관리법」에 따른 전기용품의 설계·제조·검사 등의 기술업무 • 「산업안전보건법」에 따른 전기분야 산업안전 기술업무 • 건설관련법에 의한 전기 관련 기술업무 • 전자·통신관계법에 의한 전기·전자통신기술에 관한 업무
3. 자격 취득 전 경력 기간 50% 인정	1.의 각목 규정에 의한 경력

사원 甲	• 2001.1.1~2005.12.31 전기 안전기술 업무 • 2015.10.31 전기산업기사 자격 취득
사원 乙	• 2010.1.1~2012.6.30 전기부품제조 업무 • 2009.10.31 전기기사 자격 취득
사원 丙	• 2011.5.1~2012.7.31 전자통신기술 업무 • 2011.4.31 전기기능장 자격 취득
사원 丁	• 2013.1.1~2014.12.31 전기검사 업무 • 2015.7.31 전기기사 자격 취득

ㄱ 甲 : 전기산업기사로서 경력 5년

ㄴ 乙 : 전기기사로서 경력 1년

ㄷ 丙 : 전기기능장으로서 경력 1년

ㄹ 丁 : 전기기사로서 경력 1년

① ㄱ, ㄴ

② ㄱ, ㄷ

③ ㄴ, ㄷ

④ ㄷ, ㄹ

36. 다음은 B공사의 윤리경영에 입각한 임직원 행동강령의 일부이다. 주어진 행동강령에 부합하는 설명이 아닌 것은?

> 제○○조(금품 등을 받는 행위의 제한)
> ① 임직원(배우자 또는 직계 존·비속을 포함한다.)은 직무관련자나 직무관련임직원으로부터 금전, 부동산, 선물, 향응, 채무면제, 취업제공, 이권부여 등 유형·무형의 경제적 이익을 받거나 요구 또는 제공받기로 약속해서는 아니 된다. 다만, 다음 각 호의 어느 하나에 해당하는 경우에는 그러하지 아니하다.
>   1. 친족이 제공하는 금품 등
>   2. 사적 거래로 인한 채무의 이행 등에 의하여 제공되는 금품 등
>   3. 원활한 직무수행 또는 사교·의례의 목적으로 제공될 경우에 한하여 제공하는 3만 원 이하의 음식물·편의 또는 5만 원 이하의 소액의 선물
>   4. 직무와 관련된 공식적인 행사에서 주최자가 참석자에게 통상적인 범위에서 일률적으로 제공하는 교통·숙박·음식물 등의 금품 등
>   5. 불특정 다수인에게 배포하기 위한 기념품 또는 홍보용품 등
>   6. 특별히 장기적·지속적인 친분관계를 맺고 있는 자가 질병·재난 등으로 어려운 처지에 있는 임직원에게 공개적으로 제공하는 금품 등
>   7. 임직원으로 구성된 직원 상조회 등이 정하는 기준에 따라 공개적으로 구성원에게 제공하는 금품 등
>   8. 상급자가 위로, 격려, 포상 등의 목적으로 하급자에게 제공하는 금품 등
>   9. 외부강의·회의 등에 관한 대가나 경조사 관련 금품 등
>   10. 그 밖에 다른 법령·기준 또는 사회상규에 따라 허용되는 금품 등
> ② 임직원은 직무관련자였던 자나 직무관련임직원이었던 사람으로부터 당시의 직무와 관련하여 금품 등을 받거나 요구 또는 제공받기로 약속해서는 아니 된다. 다만, 제1항 각 호의 어느 하나에 해당하는 경우는 제외한다.

① 임직원의 개인적인 채무 이행 시의 금품 수수 행위는 주어진 행동강령에 의거하지 않는다.

② 3만 원 이하의 음식물·편의 제공은 어떤 경우에든 가능하다.

③ 어떠한 경우이든 공개적으로 제공되는 금품은 문제의 소지가 현저히 줄어든다고 볼 수 있다.

④ 직원 상조회 등으로부터 금품이 제공될 경우, 그 한도액은 제한하지 않는다.

37. 다음은 A기관 민원실에 걸려 있는 전화 민원 응대 시 준수사항이다. 밑줄 친 ㈎~㈑ 중 전화 예절에 어긋나는 것은?

> • 전화는 항상 친절하고 정확하게 응대하겠습니다.
> • 전화는 전화벨이 세 번 이상 울리기 전에 신속하게 받겠으며, ㈎전화 받은 직원의 소속과 이름을 정확히 밝힌 후 상담하겠습니다.
> • ㈏통화 중에는 고객의 의견을 명확히 이해하기 위하여 고객과의 대화를 녹취하여 보관하도록 하겠습니다.
> • 고객의 문의 사항에 대해서는 공감하고 경청하며, 문의한 내용을 이해하기 쉽게 충분히 설명하겠습니다.
> • 부득이한 사정으로 전화를 다른 직원에게 연결할 경우에는 먼저 고객의 양해를 구한 후 신속하게 연결하겠으며, ㈐통화 요지를 다른 직원에게 간략하게 전달하여 고객이 같은 내용을 반복하지 않도록 하겠습니다.
> • 담당 직원이 부재중이거나 통화 중일 경우에는 고객에게 연결하지 못하는 이유를 설명하고 ㈑유선 민원 접수표를 담당 직원에게 전달하여 빠른 시간 내에 연락드리겠습니다.
> • 고객의 문의 사항에 즉시 답변하기 어려울 때는 양해를 구한 후 관련 자료 등을 확인하여 신속히 답변 드리겠습니다.
> • 고객과 상담 종료 후에는 추가 문의 사항을 확인한 다음 정중히 인사하고, 고객이 전화를 끊은 후에 수화기를 내려놓겠습니다.
> • 직원이 고객에게 전화를 할 경우에는 본인의 소속과 성명을 정확히 밝힌 후에 답변 드리겠습니다.

① ㈎　　　　　　　　② ㈏

③ ㈐　　　　　　　　④ ㈑

38. 다음 세 조직의 특징에 대한 설명으로 적절하지 않은 것은?

> A팀 : 쉽지 않은 해외 영업의 특성 때문인지, 직원들은 대체적으로 질투심이 좀 강한 편이고 서로의 사고방식의 차이를 이해하지 못하는 분위기다. 일부 직원은 조직에 대한 이해도가 다소 떨어지는 것으로 보인다.
>
> B팀 : 직원들의 목표의식과 책임감이 강하고 직원들 상호 간 협동심이 뛰어나다. 지난 달 최우수 조직으로 선정된 만큼 자신이 팀의 일원이라는 점에 자부심이 강하며 매사에 자발적인 업무 수행을 한다.
>
> C팀 : 팀의 분위기가 아주 좋으며 모두들 C팀에서 근무하기를 희망한다. 사내 체육대회에서 1등을 하는 등 직원들 간의 끈끈한 유대관계가 장점이나, 지난 2년간 조직 평가 성적이 만족스럽지 못하여 팀장은 내심 걱정거리가 많다.

① B팀은 우수한 팀워크를 가진 조직이다.

② A팀은 자아의식이 강하고 자기중심적인 조직으로 평가할 수 있다.

③ A팀은 세 팀 중 팀워크가 가장 좋지 않은 팀이다.

④ 팀의 분위기가 좋으나 성과를 내지 못하고 있다면, 팀워크는 좋으나 응집력이 부족한 집단이다.

39. 다음 중 밑줄 친 (가)와 (나)에 대한 설명으로 적절하지 않은 것은?

> 조직 내에서는 (가)개인이 단독으로 의사결정을 내리는 경우도 있지만 집단이 의사결정을 하기도 한다. 조직에서 여러 문제가 발생하면 직업인은 의사결정과정에 참여하게 된다. 이때 조직의 의사결정은 (나)집단적으로 이루어지는 경우가 많으며, 여러 가지 제약요건이 존재하기 때문에 조직의 의사결정에 적합한 과정을 거쳐야 한다. 조직의 의사결정은 개인의 의사결정에 비해 복잡하고 불확실하다. 따라서 대부분 기존의 결정을 조금씩 수정해 나가는 방향으로 이루어진다.

① (가)는 의사결정을 신속히 내릴 수 있다.

② (가)는 결정된 사항에 대하여 조직 구성원이 수월하게 수용하지 않을 수도 있다.

③ (나)는 (가)보다 효과적인 결정을 내릴 확률이 높다.

④ (나)는 의사소통 기회가 저해될 수 있다.

40. 다음 '갑' 기업과 '을' 기업에 대한 설명 중 적절하지 않은 것은?

> '갑' 기업은 다양한 사외 기관, 단체들과의 상호 교류 등 업무가 잦아 관련 업무를 전담하는 조직이 갖춰져 있다. 전담 조직의 인원이 바뀌는 일은 가끔 있지만, 상설 조직이 있어 매번 발생하는 유사 업무를 효율적으로 수행한다.
>
> '을' 기업은 사내 당구 동호회가 구성되어 있어 동호회에 가입한 직원들은 정기적으로 당구장을 찾아 쌓인 스트레스를 풀곤 한다. 가입과 탈퇴가 자유로우며 당구를 좋아하는 직원은 누구든 참여가 가능하다. 당구 동호회에 가입한 직원은 직급이 아닌 당구 실력으로만 평가 받으며, 언제 어디서 당구를 즐기든 상사의 지시를 받지 않아도 된다.

① '갑' 기업의 상설 조직은 의도적으로 만들어진 집단이다.

② '갑' 기업 상설 조직의 임무는 보통 명확하지 않고 즉흥적인 성격을 띤다.

③ '을' 기업 당구 동호회는 공식적인 임무 이외에 다양한 요구들에 의해 구성되는 경우가 많다.

④ '갑' 기업 상설 조직의 구성원은 인위적으로 참여한다.

41. 효과적인 팀이란 팀 에너지를 최대로 활용하는 고성과 팀이다. 다음 중 이러한 '효과적인 팀'이 가진 특징으로 적절하지 않은 것은?

① 역할과 책임을 명료화시킨다.

② 결과보다는 과정에 초점을 맞춘다.

③ 개방적으로 의사소통한다.

④ 개인의 강점을 활용한다.

42. 다음 설명에 해당하는 엑셀 기능은?

> 입력한 데이터 정보를 기반으로 하여 데이터를 미니 그래프 형태의 시각적 표시로 나타내 주는 기능

① 클립아트

② 스파크라인

③ 하이퍼링크

④ 워드아트

43. 다음 워크시트에서 [A1] 셀에 '111'를 입력하고 마우스로 채우기 핸들을 아래로 드래그하여 숫자가 증가하도록 입력하려고 한다. 이 때 같이 눌러야 하는 키는 무엇인가?

	A
1	111
2	112
3	113
4	114
5	115
6	116
7	117
8	118
9	119
10	120

① F1

② Ctrl

③ Alt

④ Shift

44. 다음 자료는 '발전량' 필드를 기준으로 발전량과 발전량이 많은 순위를 엑셀로 나타낸 표이다. 태양광의 발전량 순위를 내림차순으로 구하기 위한 함수식으로 'C3'셀에 들어가야 할 알맞은 것은 어느 것인가?

	A	B	C
1	<에너지원별 발전량(단위: Mwh)>		
2	에너지원	발전량	순위
3	태양광	88	2
4	풍력	100	1
5	수력	70	4
6	바이오	75	3
7	양수	65	5

① =ROUND(B3,$B$3:$B$7,0)

② =ROUND(B3,$B$3:$B$7,1)

③ =RANK(B3,$B$3:$B$7,1)

④ =RANK(B3,$B$3:$B$7,0)

45. 검색엔진을 사용하여 인터넷에서 이순신 장군이 지은 책이 무엇인지 알아보려고 한다. 정보검색 연산자를 사용할 때 가장 적절한 검색식은 무엇인가? (단, 사용하려는 검색엔진은 AND 연산자로 '&', OR 연산자로 '+', NOT 연산자로 '!', 인접검색 연산자로 '~'을 사용한다.)

① 이순신 + 책

② 장군 & 이순신

③ 책 ! 장군

④ 이순신 & 책

46. 다음은 K쇼핑몰의 날짜별 판매상품 정보 중 일부이다. 다음의 파일에 표시된 대분류 옆의 ▼를 누르면 많은 종류의 상품 중 보고 싶은 대분류(예를 들어, 셔츠)만을 한 눈에 볼 수 있다. 이 기능은 무엇인가?

	A	B	C	D	E	F	G
1	날짜 ▼	상품코드 ▼	대분류 ▼	상품명 ▼	사이즈 ▼	원가 ▼	판매가 ▼
2	2013-01-01	9E2S_NB4819	셔츠	라라 슬리브리스 롱 셔츠	55	16,000	49,000
3	2013-01-01	9E2S_PT4845	팬츠	내추럴 스트링 배기 팬츠	44	20,000	57,800
4	2013-01-01	9E2S_OPS5089	원피스	뉴클래식컬러지퍼원피스	44	23,000	65,500
5	2013-01-01	9E2S_SK5085	스커트	더블플라운스벤딩스커트	44	12,000	41,500
6	2013-01-01	9E2S_VT4980	베스트	드로잉 포켓 베스트	44	19,000	55,500
7	2013-01-01	9E2S_PT5053	팬츠	라이트모드9부팬츠	44	10,000	38,200
8	2013-01-02	9E2S_CD4943	가디건	라인 패턴 니트 볼레로	55	9,000	36,000
9	2013-01-02	9E2S_OPS4801	원피스	러블리 레이스 롱 체크 원피스	55	29,000	79,800
10	2013-01-02	9E2S_BL4906	블라우스	러블리 리본 플라워 블라우스	44	15,000	46,800
11	2013-01-02	9E2S_OPS4807	원피스	러블리 볼륨 이폰 원피스	55	25,000	70,000
12	2013-01-02	9E2S_OPS4789	원피스	러블리브이넥 레이스 원피스	55	25,000	70,000
13	2013-01-03	9E2S_OPS5088	원피스	레오파드사틴포켓원피스	44	21,000	60,500
14	2013-01-04	9E2S_OPS4805	원피스	로맨틱 언발런스 티어드 원피스	55	19,000	55,500
15	2013-01-04	9E2S_BL4803	블라우스	로맨틱 셔링 베스트 블라우스	44	14,000	43,500
16	2013-01-04	9E2S_TS4808	티셔츠	루즈핏스트라이프슬리브리스	44	8,000	33,000

① 조건부 서식

② 찾기

③ 필터

④ 정렬

47. 엑셀 사용 시 발견할 수 있는 다음과 같은 오류 메시지 중 설명이 올바르지 않은 것은 어느 것인가?

① #DIV/0! – 수식에서 어떤 값을 0으로 나누었을 때 표시되는 오류 메시지

② #N/A – 함수나 수식에 사용할 수 없는 데이터를 사용했을 경우 발생하는 오류 메시지

③ #NULL! – 잘못된 인수나 피연산자를 사용했을 경우 발생하는 오류 메시지

④ #NUM! – 수식이나 함수에 잘못된 숫자 값이 포함되어 있을 경우 발생하는 오류 메시지

48. 다음의 알고리즘에서 인쇄되는 S는?

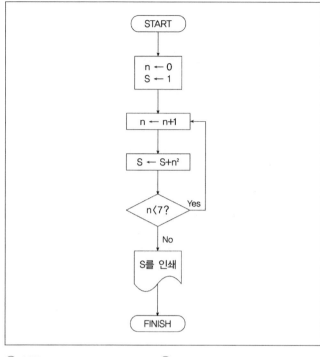

① 137

② 139

③ 141

④ 143

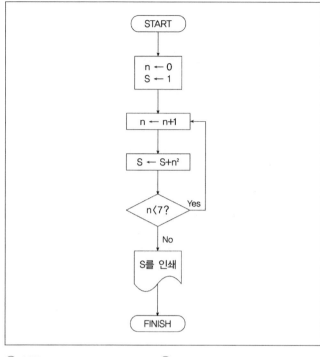
(참고: START → n←0, S←1 → n←n+1 → S←S+n² → n<7? Yes(반복)/No → S를 인쇄 → FINISH)

업무내용		결재권자			
		사장	부사장	본부장	팀장
주간업무보고					○
팀장급 인수인계			○		
일반 예산 집행	잔업수당	○			
	회식비			○	
	업무활동비			○	
	교육비		○		
	해외연수비	○			
	시내교통비			○	
	출장비	○			
	도서인쇄비				○
	법인카드사용		○		
	소모품비				○
	접대비(식대)			○	
	접대비(기타)				○
이사회 위원 위촉		○			
임직원 해외 출장		○ (임원)		○ (직원)	
임직원 휴가		○ (임원)		○ (직원)	
노조관련 협의사항			○		

* 100만 원 이상의 일반예산 집행과 관련한 내역은 사전 사장 품의를 득해야 하며, 품의서에 경비 집행 내역을 포함하여 준비한다. 출장계획서는 품의서를 대체한다.
* 위의 업무내용에 필요한 결재서류는 다음과 같다.
  품의서, 주간업무보고서, 인수인계서, 예산집행내역서, 위촉장, 출장보고서(계획서), 휴가신청서, 노조협의사항 보고서

▮49~50▮ 다음 위임전결규정을 보고 이어지는 물음에 답하시오.

위임전결규정

• 결재를 받으려는 업무에 대해서는 최고결재권자(대표이사)를 포함한 이하 직책자의 결재를 받아야 한다.
• '전결'이라 함은 회사의 경영활동이나 관리활동을 수행함에 있어 의사 결정이나 판단을 요하는 일에 대하여 최고결재권자의 결재를 생략하고, 자신의 책임 하에 최종적으로 의사 결정이나 판단을 하는 행위를 말한다.
• 전결사항에 대해서도 위임 받은 자를 포함한 이하 직책자의 결재를 받아야 한다.
• 표시내용 : 결재를 올리는 자는 최고결재권자로부터 전결 사항을 위임 받은 자가 있는 경우 결재란에 전결이라고 표시하고 최종 결재권자란에 위임 받은 자를 표시한다. 다만, 결재가 불필요한 직책자의 결재란은 상향대각선으로 표시한다.
• 최고결재권자의 결재사항 및 최고결재권자로부터 위임된 전결사항은 아래의 표에 따른다.
• 본 규정에서 정한 전결권자가 유고 또는 공석 시 그 직급의 직무 권한은 직상급직책자가 수행함을 원칙으로 하며, 각 직급은 긴급을 요하는 업무처리에 있어서 상위 전결권자의 결재를 득할 수 없을 경우 차상위자의 전결로 처리하며, 사후 결재권자의 결재를 득해야 한다.

49. 다음 중 위의 위임전결규정을 잘못 설명한 것은 어느 것인가?

① 전결권자 공석 시의 최종결재자는 차상위자가 된다.
② 전결권자 업무 복귀 시, 부재 중 결재 사항에 대하여 반드시 사후 결재를 받아두어야 한다.
③ 팀장이 새로 부임하면 부사장 전결의 인수인계서를 작성하게 된다.
④ 전결권자가 해외 출장으로 자리를 비웠을 경우에는 차상위자가 직무 권한을 위임 받는다.

50. 영업팀 김 대리는 부산으로 교육을 받으러 가기 위해 교육비용 신청을 위한 문서를 작성하고자 한다. 김 대리가 작성한 결재 양식으로 올바른 것은 어느 것인가?

①

출장내역서					
결재	담당	팀장	본부장	부사장	사장

②

교육비집행내역서					
결재	담당	팀장	본부장	부사장	전결
					부사장

③

교육비집행내역서					
결재	담당	팀장	본부장	부사장	사장

④

업무활동비집행내역서					
결재	담당	팀장	본부장	부사장	전결
					부사장